PLATON

Das
Höhlengleichnis

in zwei Übersetzungen

PLATON

Das
Höhlengleichnis

Auszug aus „Politea" (Der Staat)

in den Übersetzungen
von
Friedrich Schleiermacher
und
Wilhelm Wiegand

Bertram Bücher

Bibliografische Information der Deutschen Nationalbibliothek:
Die Deutsche Nationalbibliothek verzeichnet diese Publikation in der Deutschen
Nationalbibliografie; detaillierte bibliografische Daten sind im Internet über
http://dnb.dnb.de abrufbar.

© 2021 Dirk Bertram, Ennigerloh (NRW)
Herstellung und Verlag: BoD – Books on Demand, Norderstedt

Die Übersetzung von Friedrich Schleiermacher basiert auf
„Der Staat" (Politea), Akademie Verlag Berlin, 1985, Neuausgabe der zweiten
Auflage, Berlin, 1817 -18 26

Die Übersetzung von Wilhelm Wiegand basiert auf
„Der Staat" (Politea), hrsg. von Erich Loewenthal, Verlag Lambert Schneider
GmbH, Heidelberg, 1982, 8. Auflage der Berliner Ausgabe von 1940

ISBN: 978-3-7526-4148-6

Inhaltsverzeichnis

Das Höhlengleichnis

Das Höhlengleichnis

Übersetzung von Friedrich Schleiermacher

Nächstdem, sprach ich, vergleiche dir unsere Natur in Bezug auf Bildung und Unbildung folgendem Zustande. Sieh nämlich Menschen wie in einer unterirdischen höhlenartigen Wohnung, die einen gegen das Licht geöffneten Zugang längs der ganzen Höhle hat. In dieser seien sie von Kindheit an gefesselt an Hals und Schenkeln, so dass sie auf demselben Fleck bleiben und auch nur nach vorne hin sehen, den Kopf aber herumzudrehen der Fessel wegen nicht vermögend sind. Licht aber haben sie von einem Feuer, welches von oben und von ferne her hinter ihnen brennt. Zwischen dem Feuer und den Gefangenen geht oben her ein Weg, längs diesem sieh eine Mauer aufgeführt, wie die Schranken, welche die Gaukler vor den Zuschauern sich erbauen, über welche herüber sie ihre Kunststücke zeigen.

Ich sehe, sagte er.

Sieh nun längs dieser Mauer Menschen allerlei Gefäße tragen, die über die Mauer herüber ragen, und Bildsäulen und andere steinerne und hölzerne Bilder und von allerlei Arbeit; Einige, wie natürlich, reden dabei, andere schweigen.

Ein gar wunderliches Bild, sprach er, stellst du dar und wunderliche Gefangene.

Uns ganz ähnliche, entgegnete ich. Denn zuerst, meinest du wohl, dass dergleichen Menschen von sich selbst und von einander etwas anderes zu sehen bekommen als die Schatten, welche das Feuer auf die ihnen gegenüberstehende Wand der Höhle wirft?

Wie sollten sie, sprach er, wenn sie gezwungen sind zeitlebens den Kopf unbeweglich zu halten!

Und von dem vorübergetragenen nicht eben dieses?

Was sonst?

Wenn sie nun mit einander reden könnten, glaubst du nicht, dass sie auch pflegen würden dieses vorhandene zu benennen, was sie sähen?

Notwendig.

Und wie, wenn ihr Kerker auch einen Widerhall hätte von drüben her, meinst du, wenn einer von den Vorübergehenden spräche, sie würden denken, etwas anderes rede als der eben vorübergehende Schatten?

Nein, beim Zeus, sagte er.

Auf keine Weise also können diese irgendetwas anderes für das Wahre halten als die Schatten jener Kunstwerke?

Ganz unmöglich.

Nun betrachte auch, sprach ich, die Lösung und Heilung von ihren Banden und ihrem Unverstande, wie es damit natürlich stehen würde, wenn ihnen folgendes begegnete. Wenn einer entfesselt wäre, und gezwungen würde sogleich aufzustehen, den Hals herumzudrehen, zu gehen und gegen das Licht zu sehen, und indem er das täte immer Schmerzen hätte, und wegen des flimmernden Glanzes nicht recht vermöchte jene Dinge zu erkennen, wovon er vorher die Schatten sah: was meinst du wohl, würde er sagen, wenn ihn einer versicherte, damals habe er lauter Nichtiges gesehen, jetzt aber dem Seienden näher und zu dem mehr Seienden gewendet sähe er richtiger, und ihm jedes Vorübergehende zeigend ihn fragte und zu antworten zwänge, was es sei? meinst du nicht er werde ganz verwirrt sein und glauben, was er damals gesehen sei doch wirklicher als was ihm jetzt gezeigt werde?

Bei weitem, antwortete er.

Und wenn man ihn gar in das Licht selbst zu sehen nötigte, würden ihm wohl die Augen schmerzen und er würde fliehen und zu jenem zurückkehren, was er anzusehen im Stande ist, fest überzeugt, dies sei weit gewisser als das letzt Gezeigte?

Allerdings.

Und, sprach ich, wenn ihn einer mit Gewalt von dort durch den unwegsamen und steilen Aufgang schleppte, und nicht losließe, bis er ihn an das Licht der Sonne gebracht hätte, wird er nicht viel Schmerzen haben und sich gar ungern schleppen lassen? Und wenn er nun an das Licht kommt und die Augen voll Strahlen hat, wird er nichts sehen können von dem, was ihm nun für das Wahre gegeben wird.

Freilich nicht, sagte er, wenigstens sogleich nicht.

Gewöhnung also, meine ich, wird er nötig haben, um das obere zu sehen. Und zuerst würde er Schatten am leichtesten erkennen, hernach die Bilder der Menschen und der andern Dinge im Wasser, und dann erst sie selbst. Und eben so was am Himmel ist und den Himmel selbst würde er am liebsten in der Nacht betrachten und in das Mond- und Sternenlicht sehen als bei Tage in die Sonne und in ihr Licht.

Wie sollte er nicht!

Zuletzt aber, denke ich, wird er auch die Sonne selbst, nicht Bilder von ihr im Wasser oder anderwärts, sondern sie selbst an ihrer eigenen Stelle anzusehen und zu betrachten im Stande sein.

Notwendig, sagte er.

Und dann wird er schon herausbringen von ihr, dass sie es ist, die alle Zeiten und Jahre schafft und alles ordnet in dem sichtbaren Raume, und auch von dem, was sie dort sahen gewissermaßen die Ursache ist.

Offenbar, sagte er, würde er nach jenem auch hierzu kommen.

Und wie, wenn er nun seiner ersten Wohnung gedenkt und der dortigen Weisheit und der damaligen Mitgefangenen, meinst du nicht, er werde sich selbst glücklich preisen über die Veränderung, jene aber beklagen?

Ganz gewiss.

Und wenn sie dort unter sich Ehre, Lob und Belohnungen für den bestimmt hatten, der das Vorüberziehende am schärfsten sah und sich am besten behielt, was zuerst zu kommen pflegte und was zuletzt und was zugleich, und daher also am besten vorhersagen konnte, was nun erscheinen werde: glaubst du, es werde ihn danach noch groß verlangen, und er werde die bei jenen Geehrten und Machthabenden beneiden? Oder wird ihm das

Homerische begegnen und er viel lieber wollen das Feld als Tagelöhner bestellen einem dürftigen Mann und lieber alles über sich ergehen lassen als wieder solche Vorstellungen zu haben wie dort, und so zu leben?

So, sagte er, denke ich, wird er sich alles eher gefallen lassen als so zu leben.

Auch das bedenke noch, sprach ich. Wenn ein solcher nun wieder hinunterstiege und sich auf denselben Schemel setzte: würden ihm die Augen nicht ganz voll Dunkelheit sein, da er so plötzlich von der Sonne herkommt?

Ganz gewiss.

Und wenn er wieder in der Begutachtung jener Schatten wetteifern sollte mit denen, die immer dort gefangen gewesen, während es ihm noch vor den Augen flimmert, ehe er sie wieder dazu einrichtet, und das möchte keine kleine Zeit seines Aufenthalts dauern, würde man ihn nicht auslachen und von ihm sagen, er sei mit verdorbenen Augen von oben zurückgekommen, und es lohne nicht, dass man versuche hinaufzukommen; sondern man müsse jeden, der sie lösen und hinaufbringen wollte, wenn man seiner nur habhaft werden und ihn umbringen könnte, auch wirklich umbringen?

So sprächen sie ganz gewiss, sagte er.

Dieses ganze Bild nun, sagte ich, lieber Glaukon, musst du mit dem früher gesagten verbinden, die durch das Gesicht uns erscheinende Region der Wohnung im Gefängnisse gleich setzen, und den Schein von dem Feuer darin der Kraft der Sonne; und wenn du nun das Hinaufsteigen und die Beschauung der oberen Dinge setzest als den Aufschwung der Seele in die Gegend der Erkenntnis, so wird dir nicht entgehen, was mein Glaube ist, da du doch dieses zu wissen begehrst. Gott mag wissen ob er richtig ist; was ich wenigstens sehe, das sehe ich so, dass zuletzt unter allem Erkennbaren und nur mit Mühe die Idee des Guten erblickt wird, wenn man sie aber erblickt hat, sie auch gleich dafür anerkannt wird, dass sie für Alle die Ursache alles Richtigen und Schönen ist, im Sichtbaren das Licht und die

Sonne, von der dieses abhängt, erzeugend, im Erkennbaren aber sie allein als Herrscherin Wahrheit und Vernunft hervorbringend, und dass also diese sehen muss, wer vernünftig handeln will, es sei nun in eigenen oder in öffentliche Angelegenheiten.

Auch ich, sprach er, teile die Meinung, so gut ich eben kann.

Komm denn, sprach ich, teile auch diese mit mir, und wundere dich nicht, wenn diejenigen, die bis hierher gekommen sind, nicht Lust haben menschliche Dinge zu betreiben, sondern ihre Seelen immer nach dem Aufenthalt oben trachten; denn so ist es ja natürlich, wenn sich dies nach dem vorher aufgestellten Bilde verhält.

Natürlich freilich, sagte er.

Und wie? kommt dir das wunderbar vor, fuhr ich fort, dass von göttlichen Anschauungen unter das menschliche Elend versetzt einer sich übel gebärdet, und gar lächerlich erscheint, wenn er, so lange er noch trübe sieht und ehe er sich noch an die dortige Finsternis hinreichend gewöhnt hat, schon genötigt wird, vor Gericht oder anderwärts zu streiten über die Schatten des Gerechten oder die Bilder, zu denen sie gehören, und dieses auszufechten, wie es sich die etwa vorstellen, welche die Gerechtigkeit selbst niemals gesehen haben?

Nicht im Mindesten zu verwundern! sagte er.

Das Höhlengleichnis

Übersetzung von Wilhelm Wiegand

Nach diesen Erörterungen, fuhr ich fort, betrachte nun unsere menschliche Anlage v o r und n a c h ihrer Entwicklung mit dem in folgendem bildlich dargestellten Zustande: Stelle dir nämlich Menschen vor in einer höhlenartigen Wohnung unter der Erde, die einen nach dem Lichte zu geöffneten und längs der ganzen Höhle hingehenden Eingang habe, Menschen, die von Jugend auf an Schenkeln und Hälsen in Fesseln eingeschmiedet sind, so dass sie dort unbeweglich sitzenbleiben und nur vorwärts schauen, aber links und rechts die Köpfe wegen der Fesselung nicht umzudrehen vermögen; das Licht für sie scheine von oben und von der Ferne von einem Feuer hinter ihnen; zwischen dem Feuer und den Gefesselten sei oben ein Querweg; längs diesem denke dir eine kleine Mauer erbaut, wie sie die Gaukler vor dem Publikum haben, über die sie ihre Wunder zeigen.

Ich stelle mir das vor, sagte er.

So stelle dir nun weiter vor, längs dieser Mauer trügen Leute allerhand über diese hinausragende Gerätschaften, auch Menschenstatuen und Bilder von anderen lebenden Wesen aus Holz, Stein und allerlei sonstigem Stoffe, während, wie natürlich, einige der Vorübertragenden ihre Stimme hören lassen, andere schweigen.

Ein wunderliches Gleichnis, sagte er, und wunderliche Gefangene!

Leibhaftige Ebenbilder von uns! sprach ich. Haben wohl solche Gefangene von ihren eigenen Personen und von einander etwas anderes zu sehen bekommen als die Schatten, die von dem Feuer auf die ihrem Gesichte gegenüberstehende Wand fallen?

Unmöglich, sagte er, wenn sie gezwungen wären, ihr ganzes Leben lang unbeweglich die Köpfe zu halten.

Ferner, ist es nicht mit den vorübergetragenen Gegenständen ebenso?

Allerdings.

Wenn sie nun mit einander reden könnten, würden sie nicht an der Gewohnheit festhalten, den vorüberwandernden Schattenbildern, die sie sähen, dieselben Benennungen zu geben?

Notwendig.

Weiter: Wenn der Kerker auch einen Widerhall von der gegenüberstehenden Wand darböte, sooft jemand der Vorübergehenden sich hören ließe, – glaubst du wohl, sie würden den Laut etwas anderem zuschreiben als den vorüberschwebenden Schatten?

Nein, bei Zeus, sagte er, ich glaube es nicht.

Überhaupt also, fuhr ich fort, würden solche nichts für wahr gelten lassen als die Schatten jener Gebilde?

Ja, ganz notwendig, sagte er.

Betrachte nun, fuhr ich fort, wie es bei ihrer Lösung von ihren Banden und bei der Heilung von ihrem Irrwahne hergehen würde, wenn solche ihnen wirklich zuteil würde: Wenn einer entfesselt und genötigt würde, plötzlich aufzustehen, den Hals umzudrehen, herumzugehen, in das Licht zu sehen, und wenn er bei allen diesen Handlungen Schmerzen empfände und wegen des Glanzflimmers vor seinen Augen nicht jene Dinge anschauen könnte, deren Schatten er vorhin zu sehen pflegte: was würde er wohl dazu sagen, wenn ihm jemand erklärte, dass er vorhin nur ein unwirkliches Schattenspiel gesehen, dass er jetzt aber dem wahren Sein schon näher sei und sich zu schon wirklicheren Gegenständen gewandt habe und daher nunmehr auch schon richtiger sehe? Und wenn man ihm dann nun auf jeden der vorüberwandernden wirklichen Gegenstände zeigen und ihn durch Fragen zur Antwort nötigen wollte, was er sei, – glaubst du nicht, dass er ganz in Verwirrung geraten und die Meinung haben würde, die vorhin geschauten Schattengestalten hätten mehr Realität als die, welche er jetzt gezeigt bekomme?

Ja, bei weitem, antwortete er.

Und nicht wahr, wenn man ihn zwänge, in das Licht selbst zu sehen, so würde er Schmerzen an den Augen haben, davonlaufen und sich wieder jenen Schattengegenständen zuwenden, die er ansehen kann, und würde dabei bleiben, diese wären wirklich deutlicher als die, welche er gezeigt bekam?

So wird's gehen, meinte er.

Wenn aber, fuhr ich fort, jemand ihn aus dieser Höhle mit Gewalt durch den rauhen und steilen Aufgang zöge und ihn nicht losließe, bis er ihn an das Licht der Sonne herausgebracht hätte, − würde er da wohl nicht Schmerzen empfunden haben, über dieses Hinaufziehen aufgebracht werden und, nachdem er an das Sonnenlicht gekommen, die Augen voll Blendung haben und also gar nichts von den Dingen sehen können, die jetzt als wirkliche ausgegeben werden?

Er würde es freilich nicht können, sagte er, wenn der Übergang so plötzlich geschähe.

Also einer allmählichen Gewöhnung daran, glaube ich, bedarf er, wenn er die Dinge über der Erde schauen soll. Da würde er nun erstlich die Schatten am leichtesten anschauen können und die im Wasser von den Menschen und den übrigen Wesen sich abspiegelnden Bilder, sodann erst die wirklichen Gegenstände selbst. Nach diesen zwei Stufen würde er die Gegenstände am Himmel und den Himmel selbst erst des nachts, durch Gewöhnung seines Blickes an das Sternen- und Mondlicht, leichter schauen als am Tage die Sonne und das Sonnenlicht.

Ohne Zweifel.

Und endlich auf der vierten Stufe, denke ich, vermag er natürlich die Sonne, das heißt nicht ihre Abspiegelung im Wasser oder in sonst einer außer ihr befindlichen Körperfläche, sondern sie selbst in ihrer Reinheit und in ihrer eigenen Region anzublicken sowie ihr eigentliches Wesen zu beschauen.

Ja, notwendig, sagte er.

Und nach solchen Vorübungen würde er über sie die Einsicht gewinnen, dass sie die Urheberin der Jahreszeiten und Jahres-kreisläufe ist, dass sie die Mutter von allen Dingen im Bereiche der sichtbaren Welt und von allen jenen allmählichen Anschau-ungen gewissermaßen die Ursache ist.

14

Ja, entgegnete er, offenbar muss er zu diesen Einsichten nach jenen Vorübungen gelangen.

Wenn er nun an seinen ersten Aufenthaltsort zurückdenkt und an die dortige Weisheit seiner Mitgefangenen: wird er da wohl nicht sich wegen seiner Veränderung glücklich preisen und jene bedauern?

Ja, sicher.

Und wenn damals bei ihnen Ehres- und Beifallsbezeugungen wechselseitig bestanden sowie Belohnungen für den schärfsten Beobachter der vorüberwandernden Schatten, ferner für das beste Gedächtnis daran, was vor, nach und mit ihnen zu kommen pflegte, und für die geschickteste Prophezeiung des künftig Kommenden: meinst du, dass er da danach Verlangen haben werde, dass er die bei jenen Höhlenbewohnern in Ehre Stehenden und Machthabenden beneidet? Oder dass es ihm geht, wie Homer sagt, und er viel lieber als Tagelöhner bei einem anderen dürftigen Manne das Feld bestellen und eher alles in der Welt über sich ergehen lassen will, als jene Meinungen und jenes Leben haben?

Letzteres glaube ich, sagte er, dass er nämlich sich eher allen Leider unterziehen als jenes Leben führen wird.

Hierauf nun, fuhr ich fort, bedenke folgendes: Wenn ein solcher wieder hinunterkäme und sich wieder auf seinen Platz setzte: würde er da nicht die Augen voll Finsternis bekommen, wenn er plötzlich aus dem Sonnenlicht käme?

Ja, ganz sicherlich, sagte er.

Aber wenn er nun, während sein Blick noch verdunkelt wäre, wiederum im Erraten jener Schattenwelt mit jenen ewig Gefangenen wetteifern sollte, und zwar ehe seine Augen wieder zurechtgekommen wären – und die zu dieser Gewöhnung erforderliche Zeit dürfte nicht ganz klein sein –: würde er da nicht ein Gelächter veranlassen, und würde es nicht von ihm heißen, weil er hinaufgegangen wäre, sei er mit verdorbenen Augen zurückgekommen, und es nicht der Mühe wert, nur den Versuch zu machen, hinaufzugehen? Und wenn er sich gar erst unterstünde, sie zu entfesseln und hinaufzuführen, − würden sie ihn nicht ermorden, wenn sie ihn in die Hände bekommen und ermorden könnten?

Ja, gewiss, antwortete er.

Das Gleichnis hier also, mein lieber Glaukon, fuhr ich fort, ist nun in jeder Beziehung auf die vorhin ausgesprochenen Behauptungen anzuwenden: Die mittels des Gesichts sich uns offenbarende Welt vergleiche einerseits mit der Wohnung im unterirdischen Gefängnisse, und das Licht des Feuers in ihr mit dem Vermögen der Sonne; das Hinaufsteigen und das Beschauen der Gegenstände über der Erde andererseits stelle dir als den Aufschwung der Seele in die nur durch die Vernunft erkennbare Welt vor, − und du wirst dann meine subjektive Ansicht hierüber haben, dieweil du sie doch einmal zu hören verlangst; ein Gott mag aber wissen, ob sie objektiv wahr ist! Aber meine Ansichten hierüber sind nun einmal die: im Bereiche der Vernunfterkenntnis sei die Idee des Guten nur zu allerletzt und mühsam wahrzunehmen, und nach ihrer An-schauung müsse man zur Einsicht kommen, dass es für alle Dinge die Ursache von allen Regelmäßigkeiten und Schönheiten sei, indem es erstlich in der sichtbaren Welt das Licht und dessen Urprinzip erzeugt, sodann auch in der durch die Vernunft erkennbaren Welt selbst Urprinzip ist und sowohl die objektive Wahrheit als auch unsere Vernunfteinsicht gewährt; ferner zur Einsicht kommen, dass das Wesen des Guten ein jeder erkannt haben müsse, der verständig handeln will, sei es in seinem eigenen Leben oder im Leben des Staates.

Ja, sagte er, auch ich teile deine Ansicht, wie ich eben vermag.

Wohlan denn, fuhr ich fort, teile auch noch folgende Ansicht mit mir und finde es gar nicht auffallend, dass die, welche zu jener Erkenntnis gelangt sind, gar keine Lust haben, sich mit den Händeln der Menschen abzugeben, sondern dass sie immer zum Verweilen im Überirdischen sich gezogen fühlen; begreiflich wohl ja doch, wofern auch hier nach dem vorerwähnten Gleichnisse es sich so verhält.

Begreiflich freilich, meinte er.

Und kann man denn es ferner auffallend finden, dass jemand, von den göttlichen Anschauungen in die Welt der menschlichen Trübsal versetzt, sich ungeschickt stellt und gar albern scheint, wenn er noch während seines Blickes und ohne hinreichende Gewöhnung an die nunmehrige Finsternis in die Notwendigkeit kommt, in Gerichtshöfen oder anderswo über die Schatten der Gerechtigkeit oder über die Gebilde, wovon die Schatten kommen, zu streiten und darüber zu wetteifern, wie sie von den Menschenkindern aufgefasst werden, von ihnen, die die Gerechtigkeit an sich niemals geschaut haben?

Das wäre, sagte er, in keiner Weise auffallend.

Gegenüberstellung

Schleiermacher − Wiegand

Nächstdem, sprach ich, vergleiche dir unsere Natur in Bezug auf Bildung und Unbildung folgendem Zustande. Sieh nämlich Menschen wie in einer unterirdischen höhlenartigen Wohnung, die einen gegen das Licht geöffneten Zugang längs der ganzen
5   Höhle hat. In dieser seien sie von Kindheit an gefesselt an Hals und Schenkeln, so dass sie auf demselben Fleck bleiben und auch nur nach vorne hin sehen, den Kopf aber herumzudrehen der Fessel wegen nicht vermögend sind. Licht aber haben sie von einem Feuer, welches von oben und von ferne her hinter
10   ihnen brennt. Zwischen dem Feuer und den Gefangenen geht oben her ein Weg, längs diesem sieh eine Mauer aufgeführt, wie die Schranken welche die Gaukler vor den Zuschauern sich erbauen, über welche herüber sie ihre Kunststücke zeigen.

15   Ich sehe, sagte er.
Sieh nun längs dieser Mauer Menschen allerlei Gefäße tragen, die über die Mauer herüber ragen, und Bildsäulen und andere steinerne und hölzerne Bilder und von allerlei Arbeit; Einige, wie natürlich, reden dabei, andere schweigen.
20

Ein gar wunderliches Bild, sprach er, stellst du dar und wunderliche Gefangene.
Uns ganz ähnliche, entgegnete ich. Denn zuerst, meinest du
25   wohl, dass dergleichen Menschen von sich selbst und von einander etwas anderes zu sehen bekommen als die Schatten, welche das Feuer auf die ihnen gegenüberstehende Wand der Höhle wirft?
Wie sollten sie, sprach er, wenn sie gezwungen sind zeitlebens
30   den Kopf unbeweglich zu halten!
Und von dem vorübergetragenen nicht eben dieses?

Was sonst?

Nach diesen Erörterungen, fuhr ich fort, betrachte nun unsere menschliche Anlage v o r und n a c h ihrer Entwicklung mit dem in folgendem bildlich dargestellten Zustande: Stelle dir nämlich Menschen vor in einer höhlenartigen Wohnung unter der Erde,

5 die einen nach dem Lichte zu geöffneten und längs der ganzen Höhle hingehenden Eingang habe, Menschen, die von Jugend auf an Schenkeln und Hälsen in Fesseln eingeschmiedet sind, so dass sie dort unbeweglich sitzenbleiben und nur vorwärts schauen, aber links und rechts die Köpfe wegen der Fesselung

10 nicht umzudrehen vermögen; das Licht für sie scheine von oben und von der Ferne von einem Feuer hinter ihnen; zwischen dem Feuer und den Gefesselten sei oben ein Querweg; längs diesem denke dir eine kleine Mauer erbaut, wie sie die Gaukler vor dem Publikum haben, über die sie ihre Wunder zeigen.

15 Ich stelle mir das vor, sagte er.

So stelle dir nun weiter vor, längs dieser Mauer trügen Leute allerhand über diese hinausragende Gerätschaften, auch Menschenstatuen und Bilder von anderen lebenden Wesen aus Holz, Stein und allerlei sonstigem Stoffe, während, wie natürlich,

20 einige der Vorübertragenden ihre Stimme hören lassen, andere schweigen.

Ein wunderliches Gleichnis, sagte er, und wunderliche Gefangene!

Leibhaftige Ebenbilder von uns! sprach ich. Haben wohl solche

25 Gefangene von ihren eigenen Personen und von einander etwas anderes zu sehen bekommen als die Schatten, die von dem Feuer auf die ihrem Gesichte gegenüberstehende Wand fallen?

Unmöglich, sagte er, wenn sie gezwungen wären, ihr ganzes

30 Leben lang unbeweglich die Köpfe zu halten.

Ferner, ist es nicht mit den vorübergetragenen Gegenständern ebenso?

Allerdings.

Wenn sie nun mit einander reden könnten, glaubst du nicht, dass sie auch pflegen würden dieses vorhandene zu benennen, was sie sähen?

Notwendig.

5 Und wie, wenn ihr Kerker auch einen Widerhall hätte von drüben her, meinst du, wenn einer von den Vorübergehenden spräche, sie würden denken, etwas anderes rede als der eben vorübergehende Schatten?

10 Nein, beim Zeus, sagte er.

Auf keine Weise also können diese irgendetwas anderes für das Wahre halten als die Schatten jener Kunstwerke?

Ganz unmöglich.

Nun betrachte auch, sprach ich, die Lösung und Heilung von
15 ihren Banden und ihrem Unverstande, wie es damit natürlich stehen würde, wenn ihnen folgendes begegnete. Wenn einer entfesselt wäre, und gezwungen würde sogleich aufzustehen, den Hals herumzudrehen, zu gehen und gegen das Licht zu sehen, und indem er das täte immer Schmerzen hätte, und wegen
20 des flimmernden Glanzes nicht recht vermöchte jene Dinge zu erkennen, wovon er vorher die Schatten sah: was meinst du wohl, würde er sagen, wenn ihn einer versicherte, damals habe er lauter Nichtiges gesehen, jetzt aber dem Seienden näher und zu dem mehr Seienden gewendet sähe er richtiger, und ihm
25 jedes Vorübergehende zeigend ihn fragte und zu antworten zwänge, was es sei? meinst du nicht er werde ganz verwirrt sein und glauben, was er damals gesehen sei doch wirklicher als was ihm jetzt gezeigt werde?

30

Bei weitem, antwortete er.

Wenn sie nun mit einander reden könnten, würden sie nicht an der Gewohnheit festhalten, den vorüberwandernden Schattenbildern, die sie sähen, dieselben Benennungen zu geben?
Notwendig.
5 Weiter: Wenn der Kerker auch einen Widerhall von der gegenüberstehenden Wand darböte, sooft jemand der Vorübergehenden sich hören ließe, – glaubst du wohl, sie würden den Laut etwas anderem zuschreiben als den vorüberschwebenden Schatten?
10 Nein, bei Zeus, sagte er, ich glaube es nicht.
Überhaupt also, fuhr ich fort, würden solche nichts für wahr gelten lassen als die Schatten jener Gebilde?
Ja, ganz notwendig, sagte er.
Betrachte nun, fuhr ich fort, wie es bei ihrer Lösung von ihren
15 Banden und bei der Heilung von ihrem Irrwahne hergehen würde, wenn solche ihnen wirklich zuteil würde: Wenn einer entfesselt und genötigt würde, plötzlich aufzustehen, den Hals umzudrehen, herumzugehen, in das Licht zu sehen, und wenn er bei allen diesen Handlungen Schmerzen empfände und wegen
20 des Glanzflimmers vor seinen Augen nicht jene Dinge anschauen könnte, deren Schatten er vorhin zu sehen pflegte: was würde er wohl dazu sagen, wenn ihm jemand erklärte, dass er vorhin nur ein unwirkliches Schattenspiel gesehen, dass er jetzt aber dem wahren Sein schon näher sei und sich zu schon
25 wirklicheren Gegenständen gewandt habe und daher nunmehr auch schon richtiger sehe? Und wenn man ihm dann nun auf jeden der vorüberwandernden wirklichen Gegenstände zeigen und ihn durch Fragen zur Antwort nötigen wollte, was er sei, – glaubst du nicht, dass er ganz in Verwirrung geraten und die
30 Meinung haben würde, die vorhin geschauten Schattengestalten hätten mehr Realität als die, welche er jetzt gezeigt bekomme?
Ja, bei weitem, antwortete er.

Und wenn man ihn gar in das Licht selbst zu sehen nötigte, würden ihm wohl die Augen schmerzen und er würde fliehen und zu jenem zurückkehren, was er anzusehen im Stande ist, fest überzeugt, dies sei weit gewisser als das letzt Gezeigte?

5

Allerdings.

Und, sprach ich, wenn ihn einer mit Gewalt von dort durch den unwegsamen und steilen Aufgang schleppte, und nicht losließe, bis er ihn an das Licht der Sonne gebracht hätte, wird er nicht

10 viel Schmerzen haben und sich gar ungern schleppen lassen? Und wenn er nun an das Licht kommt und die Augen voll Strahlen hat, wird er nichts sehen können von dem, was ihm nun für das Wahre gegeben wird.

15 Freilich nicht, sagte er, wenigstens sogleich nicht.

Gewöhnung also, meine ich, wird er nötig haben, um das obere zu sehen. Und zuerst würde er Schatten am leichtesten erkennen, hernach die Bilder der Menschen und der andern Dinge im

20 Wasser, und dann erst sie selbst. Und eben so was am Himmel ist und den Himmel selbst würde er am liebsten in der Nacht betrachten und in das Mond- und Sternenlicht sehen als bei Tage in die Sonne und in ihr Licht.

25

Wie sollte er nicht!

Zuletzt aber, denke ich, wird er auch die Sonne selbst, nicht Bilder von ihr im Wasser oder anderwärts, sondern sie selbst an ihrer eigenen Stelle anzusehen und zu betrachten im Stande sein.

30

Notwendig, sagte er.

Und nicht wahr, wenn man ihn zwänge, in das Licht selbst zu sehen, so würde er Schmerzen an den Augen haben, davonlaufen und sich wieder jenen Schattengegenständen zuwenden, die er ansehen kann, und würde dabei bleiben, diese wären

5   wirklich deutlicher als die, welche er gezeigt bekam?
So wird's gehen, meinte er.
Wenn aber, fuhr ich fort, jemand ihn aus dieser Höhle mit Gewalt durch den rauhen und steilen Aufgang zöge und ihn nicht losließe, bis er ihn an das Licht der Sonne herausgebracht

10 hätte, – würde er da wohl nicht Schmerzen empfunden haben, über dieses Hinaufziehen aufgebracht werden und, nachdem er an das Sonnenlicht gekommen, die Augen voll Blendung haben und also gar nichts von den Dingen sehen können, die jetzt als wirkliche ausgegeben werden?

15 Er würde es freilich nicht können, sagte er, wenn der Übergang so plötzlich geschähe.
Also einer allmählichen Gewöhnung daran, glaube ich, bedarf er, wenn er die Dinge über der Erde schauen soll. Da würde er nun erstlich die Schatten am leichtesten anschauen können und

20 die im Wasser von den Menschen und den übrigen Wesen sich abspiegelnden Bilder, sodann erst die wirklichen Gegenstände selbst. Nach diesen zwei Stufen würde er die Gegenstände am Himmel und den Himmel selbst erst des nachts, durch Gewöhnung seines Blickes an das Sternen- und Mondlicht, leichter

25 schauen als am Tage die Sonne und das Sonnenlicht.
Ohne Zweifel.
Und endlich auf der vierten Stufe, denke ich, vermag er natürlich die Sonne, das heißt nicht ihre Abspiegelung im Wasser oder in sonst einer außer ihr befindlichen Körperfläche,

30 sondern sie selbst in ihrer Reinheit und in ihrer eigenen Region anzublicken sowie ihr eigentliches Wesen zu beschauen.
Ja, notwendig, sagte er.

Und dann wird er schon herausbringen von ihr, dass sie es ist, die alle Zeiten und Jahre schafft und alles ordnet in dem sichtbaren Raume, und auch von dem, was sie dort sahen gewissermaßen die Ursache ist.

5

Offenbar, sagte er, würde er nach jenem auch hierzu kommen.

Und wie, wenn er nun seiner ersten Wohnung gedenkt und der dortigen Weisheit und der damaligen Mitgefangenen, meinst du
10 nicht, er werde sich selbst glücklich preisen über die Ver-
änderung, jene aber beklagen?
Ganz gewiss.
Und wenn sie dort unter sich Ehre, Lob und Belohnungen für den bestimmt hatten, der das Vorüberziehende am schärfsten sah
15 und sich am besten behielt, was zuerst zu kommen pflegte und was zuletzt und was zugleich, und daher also am besten vorhersagen konnte, was nun erscheinen werde: glaubst du, es werde ihn danach noch groß verlangen, und er werde die bei jenen Geehrten und Machthabenden beneiden? Oder wird ihm
20 das Homerische begegnen und er viel lieber wollen das Feld als Tagelöhner bestellen einem dürftigen Mann und lieber alles über sich ergehen lassen als wieder solche Vorstellungen zu haben wie dort, und so zu leben?

25 So, sagte er, denke ich, wird er sich alles eher gefallen lassen als so zu leben.
Auch das bedenke noch, sprach ich. Wenn ein solcher nun wieder hinunterstiege und sich auf denselben Schemel setzte: würden ihm die Augen nicht ganz voll Dunkelheit sein, da er so
30 plötzlich von der Sonne herkommt?
Ganz gewiss.
Und wenn er wieder in der Begutachtung jener Schatten wetteifern sollte mit denen, die immer dort gefangen gewesen,

Und nach solchen Vorübungen würde er über sie die Einsicht gewinnen, dass sie die Urheberin der Jahreszeiten und Jahres- kreisläufe ist, dass sie die Mutter von allen Dingen im Bereiche der sichtbaren Welt und von allen jenen allmählichen
5 Anschauungen gewissermaßen die Ursache ist.

Ja, entgegnete er, offenbar muss er zu diesen Einsichten nach jenen Vorübungen gelangen.

Wenn er nun an seinen ersten Aufenthaltsort zurückdenkt und an die dortige Weisheit seiner Mitgefangenen: wird er da wohl
10 nicht sich wegen seiner Veränderung glücklich preisen und jene bedauern?

Ja, sicher.

Und wenn damals bei ihnen Ehres- und Beifallsbezeugungen wechselseitig bestanden sowie Belohnungen für den schärfsten
15 Beobachter der vorüberwandernden Schatten, ferner für das beste Gedächtnis daran, was vor, nach und mit ihnen zu kommen pflegte, und für die geschickteste Prophezeiung des künftig Kommenden: meinst du, dass er da danach Verlangen haben werde, dass er die bei jenen Höhlenbewohnern in Ehre
20 Stehenden und Machthabenden beneidet? Oder dass es ihm geht, wie Homer sagt, und er viel lieber als Tagelöhner bei einem anderen dürftigen Manne das Feld bestellen und eher alles in der Welt über sich ergehen lassen will, als jene Meinungen und jenes Leben haben?

25 Letzteres glaube ich, sagte er, dass er nämlich sich eher allen Leider unterziehen als jenes Leben führen wird.

Hierauf nun, fuhr ich fort, bedenke folgendes: Wenn ein solcher wieder hinunterkäme und sich wieder auf seinen Platz setzte: würde er da nicht die Augen voll Finsternis bekommen, wenn er
30 plötzlich aus dem Sonnenlicht käme?

Ja, ganz sicherlich, sagte er.

Aber wenn er nun, während sein Blick noch verdunkelt wäre, wiederum im Erraten jener Schattenwelt mit jenen ewig Gefangenen wetteifern sollte,
35

während es ihm noch vor den Augen flimmert, ehe er sie wieder dazu einrichtet, und das möchte keine kleine Zeit seines Aufenthalts dauern, würde man ihn nicht auslachen und von ihm sagen, er sei mit verdorbenen Augen von oben zurückgekommen, und es lohne nicht, dass man versuche hinaufzukommen; sondern man müsse jeden, der sie lösen und hinaufbringen wollte, wenn man seiner nur habhaft werden und ihn umbringen könnte, auch wirklich umbringen?

So sprächen sie ganz gewiss, sagte er.
Dieses ganze Bild nun, sagte ich, lieber Glaukon, musst du mit dem früher gesagten verbinden, die durch das Gesicht uns erscheinende Region der Wohnung im Gefängnisse gleich setzen, und den Schein von dem Feuer darin der Kraft der Sonne; und wenn du nun das Hinaufsteigen und die Beschauung der oberen Dinge setzest als den Aufschwung der Seele in die Gegend der Erkenntnis, so wird dir nicht entgehen, was mein Glaube ist, da du doch dieses zu wissen begehrst. Gott mag wissen ob er richtig ist; was ich wenigstens sehe, das sehe ich so, dass zuletzt unter allem Erkennbaren und nur mit Mühe die Idee des Guten erblickt wird, wenn man sie aber erblickt hat, sie auch gleich dafür anerkannt wird, dass sie für Alle die Ursache alles Richtigen und Schönen ist, im Sichtbaren das Licht und die Sonne, von der dieses abhängt, erzeugend, im Erkennbaren aber sie allein als Herrscherin Wahrheit und Vernunft hervorbringend, und dass also diese sehen muss, wer vernünftig handeln will, es sei nun in eigenen oder in öffentliche Angelegenheiten.

Auch ich, sprach er, teile die Meinung, so gut ich eben kann.

28

und zwar ehe seine Augen wieder zurechtgekommen wären –
und die zu dieser Gewöhnung erforderliche Zeit dürfte nicht
ganz klein sein –: würde er da nicht ein Gelächter veranlassen,
und würde es nicht von ihm heißen, weil er hinaufgegangen
5   wäre, sei er mit verdorbenen Augen zurückgekommen, und es
nicht der Mühe wert, nur den Versuch zu machen,
hinaufzugehen? Und wenn er sich gar erst unterstünde, sie zu
entfesseln und hinaufzuführen, – würden sie ihn nicht ermorden,
wenn sie ihn in die Hände bekommen und ermorden könnten?
10   Ja, gewiss, antwortete er.
Das Gleichnis hier also, mein lieber Glaukon, fuhr ich fort, ist
nun in jeder Beziehung auf die vorhin ausgesprochenen Behauptungen anzuwenden: Die mittels des Gesichts sich uns offenbarende Welt vergleiche einerseits mit der Wohnung im
15   unterirdischen Gefängnisse, und das Licht des Feuers in ihr mit
dem Vermögen der Sonne; das Hinaufsteigen und das
Beschauen der Gegenstände über der Erde andererseits stelle dir
als den Aufschwung der Seele in die nur durch die Vernunft
erkennbare Welt vor, – und du wirst dann meine subjektive
20   Ansicht hierüber haben, dieweil du sie doch einmal zu hören
verlangst; ein Gott mag aber wissen, ob sie objektiv wahr ist!
Aber meine Ansichten hierüber sind nun einmal die: im
Bereiche der Vernunfterkenntnis sei die Idee des Guten nur zu
allerletzt und mühsam wahrzunehmen, und nach ihrer An-
25   schauung müsse man zur Einsicht kommen, dass es für alle
Dinge die Ursache von allen Regelmäßigkeiten und Schönheiten
sei, indem es erstlich in der sichtbaren Welt das Licht und
dessen Urprinzip erzeugt, sodann auch in der durch die Vernunft
erkennbaren Welt selbst Urprinzip ist und sowohl die objektive
30   Wahrheit als auch unsere Vernunfteinsicht gewährt; ferner zur
Einsicht kommen, dass das Wesen des Guten ein jeder erkannt
haben müsse, der verständig handeln will, sei es in seinem
eigenen Leben oder im Leben des Staates.
Ja, sagte er, auch ich teile deine Ansicht, wie ich eben vermag.

Komm denn, sprach ich, teile auch diese mit mir, und wundere dich nicht, wenn diejenigen, die bis hierher gekommen sind, nicht Lust haben menschliche Dinge zu betreiben, sondern ihre Seelen immer nach dem Aufenthalt oben trachten; denn so ist es 5 ja natürlich, wenn sich dies nach dem vorher aufgestellten Bilde verhält.

Natürlich freilich, sagte er.
Und wie? kommt dir das wunderbar vor, fuhr ich fort, dass von 10 göttlichen Anschauungen unter das menschliche Elend versetzt einer sich übel gebärdet, und gar lächerlich erscheint, wenn er, so lange er noch trübe sieht und ehe er sich noch an die dortige Finsternis hinreichend gewöhnt hat, schon genötigt wird, vor Gericht oder anderwärts zu streiten über die Schatten des 15 Gerechten oder die Bilder, zu denen sie gehören, und dieses auszufechten, wie es sich die etwa vorstellen, welche die Gerechtigkeit selbst niemals gesehen haben?

Nicht im Mindesten zu verwundern! sagte er.
20

Wohlan denn, fuhr ich fort, teile auch noch folgende Ansicht mit mir und finde es gar nicht auffallend, das die, welche zu jener Erkenntnis gelangt sind, gar keine Lust haben, sich mit den Händeln der Menschen abzugeben, sondern dass sie immer zum

5 Verweilen im Überirdischen sich gezogen fühlen; begreiflich wohl ja doch, wofern auch hier nach dem vorerwähnten Gleichnisse es sich so verhält.

Begreiflich freilich, meinte er.

Und kann man denn es ferner auffallend finden, dass jemand,

10 von den göttlichen Anschauungen in die Welt der menschlichen Trübsal versetzt, sich ungeschickt stellt und gar albern scheint, wenn er noch während seines Blickes und ohne hinreichende Gewöhnung an die nunmehrige Finsternis in die Notwendigkeit kommt, in Gerichtshöfen oder anderswo über die Schatten der

15 Gerechtigkeit oder über die Gebilde, wovon die Schatten kommen, zu streiten und darüber zu wetteifern, wie sie von den Menschenkindern aufgefasst werden, von ihnen, die die Gerechtigkeit an sich niemals geschaut haben?

Das wäre, sagte er, in keiner Weise auffallend.